© 2009 Esslinger Verlag J. F. Schreiber
Anschrift: Postfach 10 03 25, 73703 Esslingen
www.esslinger-verlag.de
Alle Rechte vorbehalten
ISBN 978-3-480-22587-3

Das lustige Weihnachtsmänner-ABC

Gereimt von Ulrike Sauerhöfer · Mit Bildern von Aleš Vrtal

ess!inger

Adalbert, der Weihnachtsmann,
fängt in diesem Buch hier an.
Roter Mantel, rote Hos,
weißer Bart – und jetzt geht's los!

Bodo bastelt furchtbar gerne
aus Papier die Glitzersterne.
Weil sie jeder haben mag,
macht er fünfzig Stück am Tag!

Cesar ist oft außer Haus,
sucht die schönsten Tannen aus.
Nur nicht krumm und nicht zu klein
sollen Weihnachtsbäume sein!

Dietmar ist der Weihnachtsmann,
der die Bäume schmücken kann.
Fangen and're an zu motzen,
ruft er: Kleckern und nicht klotzen!

Emil ist ein wenig träge
und sein Job ist, mit 'ner Säge
Tannenzweige zu besorgen.
Tut er's heut nicht, tut er's morgen!

Ferdinand ist stets beim Lesen
bester Weihnachtsmann gewesen.
Wunschzettel, oft säckeweise,
liest er vor, mal laut, mal leise!

Gustav ist der Mann für's Grobe.
Dass man ihn auch tüchtig lobe,
putzt und wienert er den Schlitten,
da muss man nicht lange bitten!

Heiner ist ein bisschen kleiner,
ähnlich klein ist sonst wohl keiner.
Aber das macht Heiner nix,
denn im Packen ist er fix!

Igor ist der Musikus,
doch mit ‚Stille Nacht' ist Schluss!
Denn der Igor rockt und stöhnt,
bis die ganze Bude dröhnt!

Jochen mag vielmehr die leisen
Hirten- oder Engelsweisen.
Setzt sich abends ans Klavier,
komponiert bis nachts um vier!

Kurt ist Krippenbauer-Meister
und mit Holz und Klebekleister
bastelt Krippen er geschwind
und ein Bett für's Jesuskind!

Ludger liebt Lametta sehr.
Doch wo kommt Lametta her?
Schaut: Er schneidet Folie klein.
Mann, muss das 'ne Arbeit sein!

Martin Maximilian
ist ein cooler Weihnachtsmann.
Modisch auf dem neu'sten Stand,
hat man ihn fast nicht erkannt!

Nick macht gern ein Nickerchen,
er ist hier das Dickerchen.
Wenn er gerade mal nicht nickt,
nascht er alles, was er kriegt!

Otto hat ein Lebensmotto:
Einmal Sieger sein im Lotto!
Träumt von Meer und Dschungelwald,
denn hier ist es ihm zu kalt.

Pit spielt gerne die Posaune,
immerzu, nach Lust und Laune.
Doch Begabung hat er keine,
deshalb spielt er meist alleine!

Quentin ist der Schönste hier,
und er tut auch was dafür:
bürstet, schniegelt, cremt enorm,
bringt mit Gel den Bart in Form!

Rudi mag die Rentierfelle,
geht oft in die Rentierställe.
Täglich, und ganz ohne schwänzen,
striegelt er sie, bis sie glänzen!

Simon heißt der Weihnachtsmann,
der es schneien lassen kann.
Jeder ist darauf erpicht,
doch den Trick verrät er nicht!

Tom ist, kaum hat es geschneit,
mit den Skiern startbereit.
Springt, das ist der Witz vom Ganzen,
von den höchsten Skisprungschanzen!

Ulrich ist der Kerzenzieher,
zieht die Kerzen, so wie früher.
Einmal hat er schief gezogen
und die Kerze war verbogen!

Volker teilt die Engel ein,
im Advent muss Ordnung sein!
Jedes Englein hat sein'n Platz,
spurt es nicht, gibt es Rabatz!

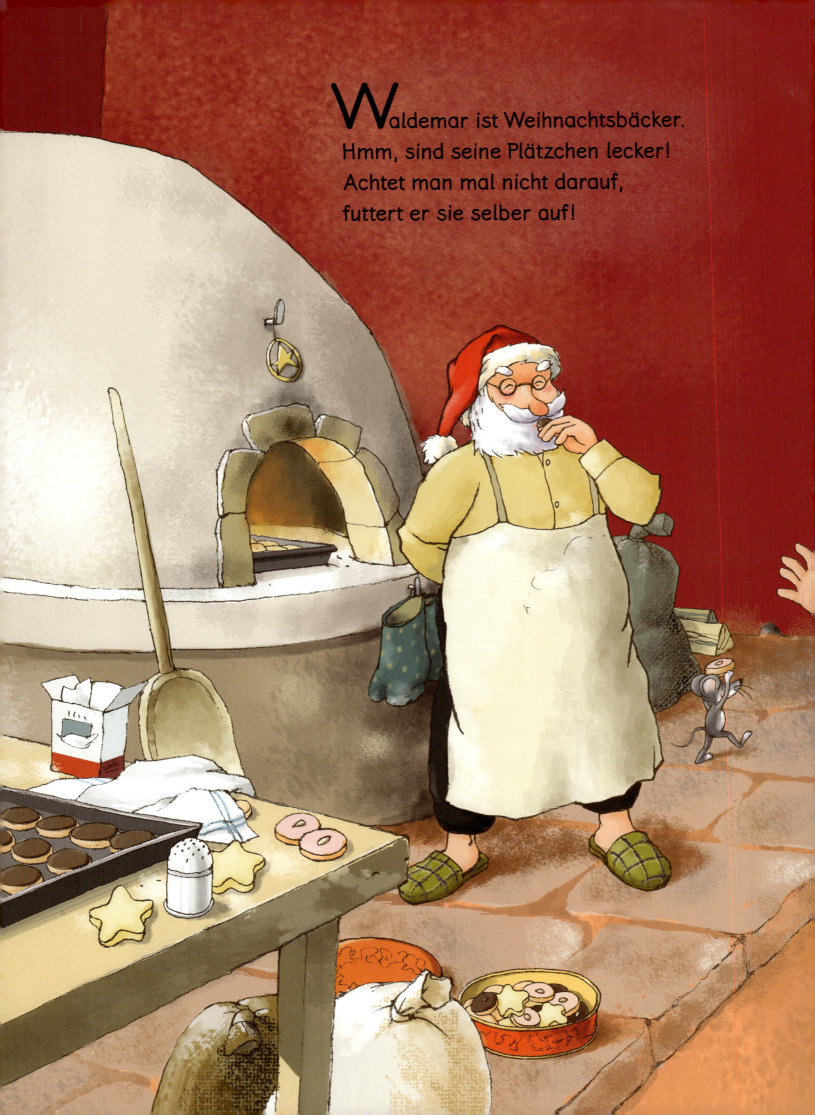

Waldemar ist Weihnachtsbäcker.
Hmm, sind seine Plätzchen lecker!
Achtet man mal nicht darauf,
futtert er sie selber auf!